JUTTA DITFURTH <u>**WORUM ES GEHT**</u>

ZU DIESEM BUCH

Es gärt. Die Krise nimmt nur ihren nächsten Anlauf. Millionen Menschen haben Angst vor der Zukunft. Angst und Armut lassen bürgerliche Konsense bröckeln. Rassismus und Naturzerstörung wachsen. Wir erleben den Beginn einer Totalveränderung. Ein »Weiter so!« ist unmöglich.

Klug und mit Bedacht legt Jutta Ditfurth die Interessen der Beteiligten offen. Ohne jeden Alarmismus stellt sie klar, worum es in Wirklichkeit geht. Sie sagt, was uns droht und was wir tun können, und zeigt Wege für einen radikalen Humanismus. Eine unverzichtbare Orientierungshilfe für alle, die zum Kern der Debatte vordringen wollen.

ZUR AUTORIN

Jutta Ditfurth ist Soziologin, Publizistin und politische Aktivistin der außerparlamentarischen Linken. Sie vertritt die Wählervereinigung ÖkoLinX-ARL im Frankfurter Römer. Ihre Bücher finden Sie auf S. 48.

Foto: ullstein bild / Kurt Steinhausen

ISBN 978-3-86789-154-7

1. Auflage
© 2012 by Rotbuch Verlag, Berlin
Umschlaggestaltung: Katharina Fuchs, Rotbuch Verlag
Druck und Bindung: GGP Media GmbH, Pößneck

Ein Verlagsverzeichnis schicken wir Ihnen gern:
Rotbuch Verlag GmbH
Alexanderstraße 1
10178 Berlin
Tel. 01805/30 99 99
(0,14 Euro/Min., Mobil max. 0,42 Euro/Min.)

www.rotbuch.de

JUTTA DITFURTH

WORUM ES GEHT

FLUGSCHRIFT

ROTBUCH VERLAG

1   WORUM ES GEHT

Frei und glücklich zu sein ist der Sinn deiner Existenz. Du bist ein wunderbares, komplexes Produkt der Evolution mit schier unglaublichen Möglichkeiten. Du hast eine biologische und eine soziale Seite. Ohne Sauerstoff, Wasser und Nahrung kannst du nicht den dümmsten Gedanken fassen. Ohne andere Menschen überlebst du nicht, ohne dich mit ihnen auseinanderzusetzen wirst du nicht klüger. Vom ersten Moment deines Lebens an bist du ein gesellschaftliches Wesen.

Der Sinn des Lebens ist es, dass alle Menschen die gleiche Freiheit haben, ihre sozialen, sinnlichen, intellektuellen, künstlerischen, handwerklichen und technischen Fähigkeiten zu entfalten. Die Vorbedingung wirklicher Freiheit ist, dass die Menschen die gleichen materiellen Möglichkeiten haben, um sich in ihrer individuellen Unterschiedlichkeit frei zu entwickeln. Dass sie sozial gleich sein müssen, um wirklich frei sein zu können.

Angeblich herrscht in dieser Gesellschaft ja Gleichheit. Aber was nützt dir diese formale bürgerliche Freiheit, wenn du kein Geld für eine gute Wohnung hast und keins, um zu lernen und zu studieren? Was bringt dir das angeblich formal gleiche Recht vor Gericht, wenn du den besseren Anwalt oder die nächste Instanz nicht bezahlen kannst? Worin besteht der Wert einer gleichen Wahlstimme, wenn dir das Geld für den Zahnarzt fehlt und du Lebensmittel von der Tafel annehmen musst?

Gesellschaftliche Verhältnisse herzustellen, in denen der Mensch frei und sozial gleich ist, ist Zweck und Ziel emanzipatorischer linker Politik. Dem sind im Kapitalismus erstickend enge Grenzen gesetzt. Du begegnest Leuten, die viel von Freiheit reden und sogar behaupten, dass du als Bürger und Bürgerin deines Landes »frei« bist. Aber wessen Freiheit meinen sie? Und was für eine Art von Freiheit? Freiheit wovon und wozu? Deine Konsum*freiheit* als zahlungskräftiger Kunde? Die Freiheit, deine Arbeitskraft, wenn überhaupt, zu einem Preis zu verkaufen, der nicht einmal ein einfaches, würdiges Leben finanziert?

Der freie Strom von Geld, Waren, Waffen und Billigarbeitskräften über die Staatsgrenzen für den maximalen Profit diverser Kapitalfraktionen ist der Gründungszweck der Europäischen Union (EU). Zum Alltag der EU gehören Ungleichheit und Unfreiheit der Menschen, die – auf ein besseres Leben gehofft habend – sich in den Nato-Stacheldrähten europäischer Grenzen verfangen oder im Mittelmeer versinken.

Es herrscht Krieg zwischen »Eliten« und Masse, zwischen den Herrschenden und der Mehrheit der Bevölkerungen. Mancherorts ist der Krieg offen erklärt. Anderenorts findet er hinter dem Rücken von Menschen statt, die nicht genau wissen, worunter sie leiden, und noch weniger wissen vom Leben der anderen. Aber wenn du nicht *begreifst* – und dazu gehören Empathie, Wissbegier und Kopfarbeit, die Arbeit an Begriffen –, wie die Gesellschaft funktioniert, wie kannst du sie dann zum Besseren verändern?

Dieser Krieg heißt Kapitalismus. Er herrscht weltweit. Er ist die Krise unseres Lebens. Der Kapitalismus ist nicht erst dann unser Problem, wenn er selbst eine Krise hat, er ist es schon in seinem menschenzerstörenden und naturplündernden Normalzustand. Wohlhabende und Reiche sind nicht Teil dieses »uns«. Oft haben sie die Krise ja mitzuverantworten, und viele ihrer Kaste macht sie noch reicher und mächtiger.

Das über seinen terroristischen Normalzustand hinausgehende zusätzliche Dilemma des Kapitalismus ist seine Krisenhaftigkeit. In unregelmäßigen Abständen überfällt ihn eine Überproduktionskrise. Das ist eine Gesetzmäßigkeit. Diese Krisen sind mühsam zu durchschauen. Wenn die Schulbildung schlechter wird und die Propaganda raffinierter, also in Zeiten wie der unseren, fällt es noch mehr Leuten schwer, die sich verändernde soziale Realität zu begreifen. Sie finden keine passenden Worte, keine eigene Sprache, während die Verursacher ihrer Lage mit voller Medienmacht die falschen Begriffe in alle Köpfe hämmern.

Die Erscheinungsformen des Kapitalismus sind verwirrend vielfältig. Es gibt ruhigere historische Phasen. Ihre Voraussetzung sind nationale Sondersituationen und dass die Bevölkerung des Landes die in andere Teile der Welt ausgelagerten Verbrechen des Kapitals übersieht und verdrängt. Das Leid anderer wegzuschieben ist auch in Deutschland eine eingeübte Kulturtechnik. Vor 1945 übersahen viele nichtjüdische Deutsche das »Verschwinden« ihrer Nachbarn. Heute verteidigen Enkel ihre Großeltern, erneuern alte Rechtfertigungen, obwohl sie den Massenmord an den Juden keineswegs bestreiten. Es hört nicht auf. Aufklärung stößt vielerorts an ihre härteste Grenze: das Interesse der Mitglieder einer Klasse, einer sozialen Schicht, ihre Privilegien mit allen Mitteln zu verteidigen.

Der Kapitalismus ist höchst begabt darin, seine Erscheinungsformen zu ändern, um sein Wesen über die Jahrhunderte zu retten. Manchmal, unter besonderen Umständen, gehört dazu auch der offene Faschismus wie in Deutschland nach der Weltwirtschaftskrise von 1929. »Wer aber vom Kapitalismus nicht reden will, sollte auch vom Faschismus schweigen«, schrieb Max Horkheimer 1939 über diesen Zusammenhang.[1]

Die Verteidiger der herrschenden Verhältnisse sagen heute gern, dass es »uns« noch nie so gut gegangen sei. Wer ist »uns«? Soll es wirklich um die Emanzipation und die soziale Befreiung *aller* Menschen gehen, existiert kein *nationales* »wir«. Mit »uns« meinen diese Epigonen meistens sich selbst und ihre Klasse, Profiteure und Fußvolk der herrschenden Verhältnisse. Von jeder politischen Generation schließen sich ihnen diejenigen an, die aufgegeben haben, für Veränderungen zu kämpfen – sofern sie je anfingen –, und nur noch um die Verteidigung ihrer Interessen und der ihrer Familien kreisen. Vielleicht haben sie sich heute verspekuliert und trauern deshalb der Nachkriegsphase des Kapitalismus vor 1989 nach, verklären ihn zur »sozialen Marktwirtschaft« oder als »rheinischen Kapitalismus«. Reformistische Philosophen und Organisationen geißeln, wenn sie von den anschließenden zwanzig Jahren sprechen, den »Turbokapitalismus« und »Casinokapitalismus«, als sei der nicht, was er ist: eine Variation des nun auch in seinem Zentrum enthemmteren Kapitalismus, der nun auch hier seine Waffen zeigt, welche die Menschen woanders längst am eigenen Leib gespürt haben, ohne dass dies in Deutschland eine Mehrheit interessiert hätte. Es ist überraschend, wie wenig die Wandlungsfähigkeit des Kapitalismus analytisch durchdrungen und wie sehr sie unterschätzt wird.

Die Protagonisten des falschen »uns« versimpeln seit Jahren Kolonialismus und Imperialismus zum angeblich neuen Phänomen der »Globalisierung«, als ob der Kapitalismus nicht von Anfang an raubplündernd und mordend um die Welt gezogen ist, weil Rohstoffe, billiges Menschenmaterial und Absatzmärkte lockten. Er marschierte bis an den Scheitel bewaffnet los, sobald das Kapital vorhanden und die notwendige Nachrichtentechnik sowie Transportwege entwickelt waren.

Der gegenwärtigen Weltwirtschaftskrise des Kapitalismus, auch sie Ergebnis einer Überproduktionskrise, heften die Verteidiger und Mitläufer der kapitalistischen Verhältnisse die Etiketten »Eurokrise«, »Bankenkrise«, »Finanzkrise« und »Staatsschuldenkrise« an. Das ist nützlich, um das kapitalistische System nicht als Ganzes infrage stellen zu müssen und allenfalls über unzulängliche und falsche, das System nicht gefährdende Lösungen zu reden. Denn wenn nur Banken und Finanzspekulanten »böse« sind, lässt sich ja vielleicht der Kapitalismus retten?

Was muss vorausgehen, damit eine junge Arbeiterin oder ein junger Arbeiter sich wegen unerträglicher Arbeitsbedingungen selbst töten? Dreizehn Mitarbeiter des Elektronikkonzerns Foxconn in China haben sich im Jahr 2010 umgebracht. Die dreizehn Toten sind nur eine Nadelspitze der Eisbergkette von iSlavery. Unter der Meeresoberfläche kapitalistischer »Normalität« liegt die Welt millionenfach ausgebeuteter, bei der Arbeit verkrüppelter, durch Chemikalien vergifteter, an Arbeitsunfällen und -bedingungen psychisch und physisch zugrunde gegangener Menschen. Von denen, die nicht einmal eine solche Arbeit hatten und daran zugrunde gingen, nicht zu reden. Hinter ihnen stehen viele Ungezählte und Hunderte, die ihr Leben mühsam aufrechterhalten. Die dreizehn Toten starben an Arbeitsdruck, Mangelernährung, Überstunden, elenden Quartieren, mieser Gesundheitsversorgung und endlosen Demütigungen. Während sie in den Tod sprangen, hielten Konsumierende auch vor deutschen Apple-Stores jubelnd ihr neues iPhone oder iPad in die Luft und durchschritten stolz das Spalier schlecht bezahlter Angestellter, die erzwungen »freiwillig« Beifall klatschten.

»Ich habe mich wegen meiner Arbeit bei France Télécom umgebracht«, schrieb ein Angestellter, bevor er sich tötete. Personalabbau, extreme Arbeitsverdichtung, Erniedrigungen und Überwachung, soziale Hierarchien, entgrenzte Arbeitszeiten und maßlose Leistungsanforderungen führten beim französischen Autokonzern Renault 2007 zu einer Selbstmordserie von Mitarbeitern und zwischen 2008 und 2010 bei France Télécom zur Selbsttötung von 46 Menschen. Überraschend viele Selbstmörder waren »Kopfarbeiter«, fachlich besonders qualifiziert oder sogar in leitenden Positionen tätig.

In deutschen Konzernen kommt es vor, dass sich Leiharbeiterinnen prostituieren, weil sie auf eine Festanstellung hoffen. Oft regiert der Alkohol, die Zerstörung nach innen, seelische Verkrüppelung und Gewalt gegen Nahestehende.

In der Demokratischen Republik Kongo kriechen Kinder, giftige Gase einatmend, in ungesicherte Stollen, um *Metalle der seltenen Erden* herauszukratzen. Auch dank ihrer lungenkranken ausgemergelten Körper ist unsere digitale Kommunikation garantiert.[2] Denn die ist offensichtlich wirklich grenzenlos frei – von Empathie und Solidarität.

Krieg, Ausbeutung, Naturzerstörung, Fremdbestimmung und Demütigung haben die Welt im Griff. Vielerorts »entfaltet« sich statt der individuellen Persönlichkeit eines Menschen nur das perspektivlose Elend. Und vielleicht die Magenhaut, wenn endlich einmal Nahrung die Speiseröhre hinunterrutscht, und sei es nur gebackener Brei aus Erde.

In den satten bürgerlichen Milieus von kapitalistischen Zentren wie Deutschland bedeutet das Entfalten individueller Fähigkeiten nur allzu oft, Kinder zu brechen und sie für das kapitalistische Rattenrennen zu stählen. Ihr Selbstbewusstsein wird auf die falsche Art sozialer Anerkennung getrimmt. Ohne Leistung sind sie nichts wert. Für die Entsagung von wirklicher Freiheit und Glück werden sie mit Privilegien und Konsumgütern verwöhnt. Die Sensiblen leiden darunter, aber nur eine winzige Minderheit dieser elitären Kaste verlässt den goldenen Käfig – in den sie dann doch fast immer lebenslänglich zurückkann.

Die Sehnsucht nach einem wirklich freien Leben unter Gleichen soll nicht blühen, das wäre eine gefährliche Sprengkraft. Oft ist es in den letzten Jahrzehnten gelungen, emanzipatorische Werte lächerlich zu machen. Die große konterrevolutionäre Welle war sehr erfolgreich. Es gibt kluge junge Frauen, die sich in grandioser Fehleinschätzung ihrer gesellschaftlichen Lage vor fast nichts mehr fürchten, als für eine Feministin gehalten zu werden. Es gibt Eltern, die glauben wollen, antiautoritäre Erziehung sei rücksichtslose Regellosigkeit. In vielen Schulen finden wir nur morsche Reste alter 68er-Ideale. Manch »linker« Lehrer fördert die rhetorische Selbstherrlichkeit von Mittelschichts- und Oberschichtskindern und nur ihre »freie« Entfaltung, anstatt die Kinder *der anderen*, der Arbeiter und Migrantinnen, der Hartz-IV-Empfänger, Kleinbürger und Subproletinnen mit den intellektuellen und sozialen Waffen für den Kampf um Erkenntnis und Befreiung auszurüsten.

Vor unsere Zukunft ist ein blickdichter Vorhang aus Scheinfreiheiten gezogen. Die Propaganda hierfür funktioniert perfekt: Junge Leute, nach ihren individuellen Zukunftsvorstellungen befragt, haben oft nicht einmal dafür eine eigene Sprache und illustrieren ihre Träume mit Bildern aus Werbefilmen. Der Konsumzwang, der sich als individuelle Wahlfreiheit gebärdet, terrorisiert das Individuum, damit kein kritischer, rebellischer und subversiver Gedanke aufkommt.

Soziale Gleichheit verlangt, dass jeder Mensch die gleichen materiellen Voraussetzungen hat, sich zu ernähren, bestmöglich medizinisch versorgt zu sein, gut zu wohnen, sich zu bilden, am kulturellen Leben teilzunehmen und sich mit den gesellschaftlichen Verhältnissen ungehemmt auseinanderzusetzen. Wie sollte er sonst frei sein? Der Mensch ist ein *soziales Wesen*, welches andere Menschen lebensnotwendig braucht. Ein Mensch wird in der Auseinandersetzung mit seiner sozialen Umwelt zum Individuum. Damit alle Menschen sich frei und gleich entfalten können, sich selbst verwirklichen können, müssen sie von Armut, Unterdrückung und Ausbeutung befreit werden.

Ein solch radikaler Humanismus braucht die Verankerung im wirklichen Leben des Menschen. Es gibt für jeden von uns nur dieses eine Leben. Und es existiert schon, wenn wir neu dazukommen. Es besteht unter komplizierten Voraussetzungen, die wir verstehen lernen müssen, um nicht zu planlosen Mitläufern unserer Existenz zu werden. Wir werden vollkommen zufällig in irgendwelche Verhältnisse hineingeboren. Allein deshalb ist jeder Stolz auf Nation oder Herkunft lächerlich. Wir wissen nicht, wie lange wir leben. Nach unserem Tod bleibt von uns nichts. Es geht um diesen Zeitabschnitt, der uns durch den Zufall der Evolution geschenkt ist. Uns und all den anderen Menschen, die in unserer Zeit leben. Wir können vor uns hinleben oder wir können die Welt verbessern, für uns, für die Menschen, die mit uns leben, und für die Kinder aller.

Was hält Menschen davon ab, sich so zu entscheiden? Frühes Gebrochensein, zerstörerische soziale Einflüsse, materielle Interessen? Verblüffend groß ist die Zahl derjenigen, die meinen, »Gutes« zu tun, und sich beispielsweise in großen Kirchen organisieren, wo doch diese Institutionen alles dafür tun, dass ihre Anhänger sich in die herrschende Ordnung, die Ordnung der Herrschenden, einfügen.

Grandios unterschätzt aber wird die entsolidarisierende und antisoziale Wirkung des modernen Irrationalismus, der Esoterik. Die antiaufklärerischen »Geheimwissenschaften« gibt es nicht ohne Elitedenken, Antisemitismus und Rassismus und abgrundtiefe Verachtung angeblich minderwertiger Menschen, so blendend das auch alles getarnt sein mag. Die Desorientierung des Menschen weg von seinem wirklichen Leben hin auf Jenseits und Himmel, auf Karma und Reinkarnation, auf Gott, Götter oder sonst welche »höheren« Instanzen, die nicht existieren, rauben ihm den Verstand, sein Leben zu verstehen, und die Kraft sowie die sozialen Fähigkeiten, die Gesellschaft zu verändern. Der Mensch legt sein »Schicksal« in die Hände von All- und Übermächtigen, fördert, ob er es will oder nicht, Eliten, stützt das »Oben« und »Unten« der herrschenden Ordnung, befeuert den Rassismus, die Nabelschau und die Ich-Bezogenheit. Irrationalismen zersetzen wie bösartige Viren die Fähigkeit des Menschen, sein Leben gemeinsam mit anderen in die eigenen Hände zu nehmen.

Der Irrationalismus mit all seinen esoterischen Facetten ist der größte Feind des Humanismus und ein Begleiter und Vor(be)reiter antidemokratischer und faschistischer gesellschaftlicher Entwicklungen. Wahnwelten sichern die Herrschaft von Menschen über Menschen auf direkte und indirekte Weise, deshalb fördern die Gegner der Befreiung aller Menschen diese, wo sie nur können. Nebenbei ist der Vertrieb von Heilslehren samt der esoterischen Konsumgüter und Dienstleistungen ein profitables Geschäft.

Unser soziales Leben hat, wie schon gesagt, eine biologische Seite: Ohne Luft zum Atmen, ohne Trinkwasser, ohne Nahrung kann kein Mensch existieren. Ohne das zu ernährende Hirn kann er nicht denken, weder über sein gesellschaftliches Sein und noch über sein Verhältnis zur natürlichen Umwelt reflektieren. Ohne seinen Verstand kann kein Mensch die erste wirksame Waffe gegen unfreie Verhältnisse schmieden: die Waffe der Kritik für den Weg aus der Unmündigkeit.

Die wirkliche Freiheit des Menschen hat als ihre *eine* Bedingung die soziale Gleichheit und als ihre *andere* einen Zustand von Natur, in dem der Mensch gesund leben kann. Nichts davon ist verwirklicht. Im Gegenteil. Wir kommen der Befreiung des Menschen nicht einmal näher. Die tatsächlichen Möglichkeiten einer humanen Gesellschaft und ihre Wirklichkeit klaffen immer weiter auseinander. Die Weltwirtschaftskrise, die seit 2007 um die Erde rollt, dient den Herrschenden als Alibi für die beschleunigte Zerstörung von Freiheiten, Rechten und Errungenschaften, die soziale Bewegungen, allen voran die Bewegung der Arbeiterinnen und Arbeiter, erkämpft haben.

Während die Meere zu sterben beginnen, planen unsere Gegner die Natur noch effizienter auszuplündern. Während Hungersnöte sich ausbreiten wie Wüstenstaub, berechnen sie, wie sie unsere Arbeit restlos entwerten können. Während sie ein menschenverträgliches Klima zerstören, wetteifern sie um maximalen Profit.

Glaubt irgendjemand allen Ernstes, dass alles so weitergehen kann wie bisher, vielleicht mit ein paar marginalen Korrekturen?

In Hunderten von Jahren und in ungezählten blutigen Kämpfen ist die heute herrschende kapitalistische Ordnung so erfolgreich durchgesetzt worden, dass sie den meisten Menschen als *natürliche* Ordnung erscheint. Der brutal hergestellte, aber »stumme Zwang der Verhältnisse« (Marx) täuscht die Menschen. Sie nehmen ihr Ausgebeutetwerden nicht wahr. Sie glauben, sie arbeiteten für sich, weil sie auch konsumieren, ein bisschen Freizeit haben und Überschüsse für »Luxus« wie Urlaub oder ein Auto anhäufen dürfen.

Der Kapitalismus hat, seit er vor rund 500 Jahren aufkam, mit ungeheurer Wucht den Feudalismus weggesprengt. Er zwang die Menschen in die Fabriken, veränderte die gesamte Organisation der Arbeit und des Lebens und machte sich die Natur untertan.

Indem er die feudalen Verhältnisse umgestoßen hat, hat er uns aber keineswegs von allem befreit, was er vorfand. Patriarchat, Sklaverei und Religion verleibte er sich ein und modernisierte sie, um uns effizienter auszubeuten und ruhig zu stellen. Diese Wandlungs- und Integrationsfähigkeit gehört zu des Kapitalismus besonderen und stets unterschätzten Begabungen. Mit der Erweiterung seiner Unterdrückungsformen – ins noch diktatorischere und autoritärere bis hin zum offenen Faschismus – rettet er sich im Allgemeinen aus seinen Krisen.

Es gab aber auch soziale Rechte und Gewohnheiten, die zu übernehmen der Kapitalismus sich weigerte: die Allmende beispielsweise, das Recht auf kollektives Land. Oder das Recht auf Faulheit, auf Muße, Tagträumerei, auf »unproduktiven« Genuss, sofern der nicht dazu diente, die Arbeitskraft für den nächsten Arbeitstag wiederherzustellen. »Müßiggang« wurde getreu dem christlichen Arbeitsethos »aller Laster Anfang«. Des Menschen Wert wurde künftig an seiner Arbeitsfähigkeit und seiner Leistung gemessen. Auch die Mehrheit der Arbeiterbewegung sah das so und wurde anfällig für Ideologien, die den vermeintlich »unproduktiven« Menschen verachteten: Eugenik, Rassismus und Antisemitismus, aber auch die Intellektuellen und die »brotlose« Kunst.

Besonders unproduktiv schien der zu sein, der mit Geld handelte. Dass aber die Herstellung und Verwertung eines Produkts ohne Rechnungsführung, Management, Vertrieb, Handel, Kredite, Devisen usw. im Kapitalismus nicht funktionieren kann, blieb ausgeblendet. Diese Funktionen schöpfen zwar selbst keinen Wert, weil Buchhalter, Manager, Händler, Banker ja selbst nichts Konkretes herstellen (auch wenn sie manche ihrer Dienstleistungen und Geschäfte heute gern Produkte nennen), aber ihre Funktionen sind kapitalistisch notwendige. Sie sind die Kehrseite des Produktionsprozesses.

Der produzierende Mensch schafft ein Produkt. Der Kapitalist eignet sich, indem er den Lohnabhängigen ausbeutet, diesen geschaffenen Gebrauchswert als Mehrwert an. Ausgebeutet ist der Lohnabhängige deshalb, weil er gezwungen ist, seine Arbeitskraft, um leben zu können, zu einem Preis zu verkaufen, den er nicht bestimmt, und weil er aufgrund der gesellschaftlichen Gewaltverhältnisse niemals den wahren Wert seiner Arbeit als Lohn erhält. Die Umformung eines Rohstoffs durch eine Arbeiterin zu einem Gegenstand ist die konkrete Seite desselben Kapitalismus, der einen Händler handeln und eine Bank zocken lässt. Man kann die Banken nicht bekämpfen, ohne den Kapitalismus zu bekämpfen. Es gibt keine Trennung von Produktiv- und Finanzkapital. Auch um die heutigen Banken loszuwerden, muss man den Kapitalismus abschaffen.

Es geht im Kapitalismus darum, Geld in mehr Geld zu verwandeln. Produkte sind nichts als Mittel zum Zweck. Es geht auf dem kapitalistischen Markt nicht um den rationalen Tausch von Gebrauchsgütern, sondern um die Rückverwandlung von Waren in mehr Geld. Zweck der Sache ist die Realisierung des von den ausgebeuteten Arbeitern in abhängiger Lohnarbeit geschaffenen Mehrwerts zur Maximierung des Profits des Kapitalisten.

Um noch mehr dieser Produkte, dieser Mittel zum Zweck, verkaufen zu können, müssen Bedürfnisse geweckt werden. Ihre Befriedigung ist *nicht* der Sinn der ganzen Sache, sondern auch nur ein Abfallprodukt kapitalistischer Produktion. Das Kapital bezahlt Werbeagenturen, damit sie den Menschen Bedürfnisse einreden. Fettere Autos, mehr Kleidung, Kosmetik, die jung hält.

Den größten Erfolg aber hat das Kapital, wenn es ihm gelingt, die Träume des Menschen zu okkupieren, die Bilder des Menschen von sich selbst. Wenn es ihm gelingt, die Sehnsucht nach Freiheit, nach einem angstfreien, selbstbestimmten Leben, durch den Wunsch nach Ersatzwelten zu unterlaufen, nach käuflichen Ersatzwelten aus Konsumgütern und Dienstleistungen, für die leider hingenommen werden muss, dass die Natur geplündert wird und Menschen sich totschuften.

Die Sache mit dem Konsum ist vertrackt. Ein Teil des Konsums ist lebensnotwendig: Essen, Kleidung, gelegentlich Medikamente. Anderes notwendig: Möbel, Bücher, Werkzeug. Aber ein riesiger Anteil des Konsums bedient vor allem zwei Funktionen: Die des drogenähnlichen Ersatzes für ein autonomes, freies Leben und die der Integration des Konsumierenden in die bestehenden Verhältnisse.

Das Kapital muss, jedenfalls in den kapitalistischen Zentren, die Menschen mit der Teilhabe am relativen Wohlstand locken. Wäre die Unzufriedenheit in den Zentren so groß wie an seiner Peripherie, wäre die herrschende Ordnung bedroht. Diese Bedürfnisbefriedigung ist janusköpfig: Auf der einen Seite steht eine

Flut betäubender, nutzloser, schädlicher, aber auch arbeitserleichternder, hübscher und unterhaltsamer Produkte. Auf der anderen Seite haben die Bedingungen der Rohstoffbeschaffung, ihre Verarbeitung und die Folgen der Produktion Landstriche verseucht, Armut verbreitet, Kriege angeheizt und arbeitende Menschen krank gemacht. Und die nutzlos-nützlichen Produkte sind vielleicht Spielzeuge mit krebserregenden Weichmachern, auf denen Kinder herumkauen; Medikamente ohne therapeutischen Nutzen und mit tödlichen Nebenwirkungen; Lebensmittel aus laboraromatisiertem Dreck.

Was ist der Einbruch in einer Bank gegen ihre Gründung? Was ist ein Joint gegen den allgegenwärtigen Konsumrausch? Die bunte Welt der Waren ist die Superdroge. Der Mensch ist Arbeit und Konsum. Will er innerhalb dieser perversen Logik seinen »Wert« steigern, weil er seinen eigentlichen Wert nicht kennt, benötigt er Mittel zur materiellen Distinktion, zur abgrenzenden und andere Menschen abwertenden Unterscheidung. Er muss teurere, seltenere, ja auch offen sinnlosere Konsumgüter kaufen als die anderen.

Wir leben in einer Gesellschaft voller Suchtkranker, deren Zustand als normal definiert wird. Keine Regierung und kein Gesundheitssystem planen, sie auf Entzug zu setzen. Dem Drogendealer und seinen Kumpanen gelingt es sogar, dem Suchtkranken einzureden, Herstellung und Vertrieb der Droge geschähen in seinem besten Interesse, ihr »Standortinteresse« sei identisch mit unserem Interesse an einem guten Leben.

Viele Menschen funktionieren störungsfrei: statt ihre knappe freie Zeit für Schönes zu nutzen, shoppen sie. Statt Vögeln, Lesen, Streiten, Spielen, Musikmachen, Spielen, Recherchieren, Erfinden, Reisen und Denken, müllen sie, für ein paar Stunden aus dem Arbeitspferch »frei«gelassen, ihren Kopf zum Beispiel mit den vergleichenden Daten von Konsumgütern zu. In der so verschwendeten freien Zeit werden sie auf doppelte Weise für die kapitalistische Wirtschaftsordnung zugerichtet: Sie kaufen und mehren den Profit derer, von denen sie ausgebeutet werden. Zweitens helfen sie, die Verhältnisse zu stabilisieren, unter denen sie oft genug leiden, weil sie nichts Subversives mit ihrer kostbaren arbeitsfreien Zeit anzufangen wissen.

Der schäbige Ersatz für ein selbstbestimmtes Leben sind die Scheinfreiheiten und Scheinidentitäten des Massen- und Luxuskonsums. Ich bin, was ich kaufe. Mein Auto / mein Flachbild-TV / mein iPhone usw. usf. Konsum und virtuelle Realitäten ersetzen eine echte Teilnahme an gesellschaftlichen Entwicklungen.

Aus der überbordenden Warenvielfalt lassen sich Kleidung und andere Insignien eines »persönlichen, individuellen Stils« auswählen, dessen Zurschaustellung Identität zu stiften scheint. Aber diese gekauften Identitäten sind Schimären. Die Konsumdroge mag eine Zeitlang die alltägliche Demütigung überdecken, in hierarchischen Strukturen zu arbeiten und Sinnloses, Fremdbestimmtes, gar Schädliches herzustellen. Auf Dauer aber nützt die Droge Konsum als Ventil nichts. Der denkende Mensch ertappt sich in der Falle unzufriedener Zufriedenheit, in einer mit Waren vollgestopften Leere.

Spätestens wenn man seine Telefonrechnung nicht bezahlt, sind die Leitungen zur Außenwelt und ins *world wide web* schneller gekappt, als Eis in tropischer Sonne schmilzt. Es ist keine technische, sondern eine soziale Frage. Wer kein Handy und keinen Internetzugang besitzt, kann nicht mitmachen, wird isoliert und aus der Gemeinschaft ausgeschlossen. Diesem Zwang der Verhältnisse können sich Jugendliche und Erwachsene kaum entziehen.

Sofern die Rechnung bezahlt ist und die Technik funktioniert, betritt der Mensch das Reich der Überwachung, der Manipulation und des grenzenlosen Konsums. Es verändert seine Art, mit anderen Menschen zu kommunizieren. Und dann beginnt die Sisyphus-Arbeit, denn in diesem Giftmüllgebirge von Desinformation und Schrott sind winzige Perlen wertvoller Information nicht zu surfen, sondern zu schürfen.

Die Methoden, mit denen sie die – nicht mehr so – neuen Techniken durchsetzen, haben zwei Gesichter. Das eine lacht: Ich bin ein neues Spiel, ich verspreche Spaß! Das strenge sagt: Sei flexibel verfügbar, schnell, effizient, du fliegst sonst aus dem Rattenrennen, das immer rasender wird. Die Sklaveneigenschaften werden dadurch gezuckert, dass die Technik auch eine private nützliche Seite hat.

Aber sie beschädigt unsere Freiheit und Selbstbestimmung, indem mit ihr unsere Bewegungs- und Verhaltensmuster, unsere Konsumgewohnheiten, sozialen Kontakte und Gespräche abgefischt werden. Die kapitalistische Entwicklung der Informations- und Kommunikationstechnologie unterwirft die Menschen Schritt für Schritt einer allumfassenden Kontrolle aller Lebensbereiche.

Bank-, Scheck- und Gesundheitskarten, Handys, Satellitennavigationssysteme, E-Mails, Internet, facebook und twitter usw. usf. scheinen das Leben der Menschen in Zeiten der ansteigenden intensiven wie extensiven Ausbeutung leichter und bequemer zu machen und »schenken« den Ausgeworfenen, solange sie die Teilhabe bezahlen können, einen sinnlosen Sinn. Die oberflächliche oder tatsächliche Attraktivität der Waren verbirgt das in ihnen steckende zerstörerische Potenzial. Der Konsument macht sich selbst dumm, um konsumieren zu können. Die weltweite Diskussion über Elektrosmog ist beispielsweise am Hype über die Smartphones erstickt. Der Konsument will sich das Spielen nicht verderben lassen. Er verweigert die Aufnahme kritischer Informationen, weil er sonst sein Spielzeug nicht mehr skrupelfrei benutzen könnte. Wie zum Ausgleich interessiert er sich noch viel weniger für die Arbeitsbedingungen in den chinesischen Sonderwirtschaftszonen oder auf den Giftmüllhalden aus deutschem Elektronikschrott in Ghana.

Heute können alle alles leichter erfahren, sofern wir die richtigen Werkzeuge einsetzen. Wir können fragen: Wie viel Blut klebt an diesem lustigen Produkt, das ich in Händen halte? Von welchen Rohstoffen handelt dieser Krieg? Wir könnten wissen wollen, warum der Soldat, der aus Afghanistan oder einem anderen »Menschenrechtseinsatz« in einem Sarg heimkehrt, sich zum Töten ausbilden ließ und wie viele Menschen er tötete, bevor er starb. – Eine Gesellschaft, die sich all diese Fragen nicht stellt, ist schwerkrank.

Indem der Konsument sich darin übt, zu verdrängen, damit er ohne schlechtes Gewissen konsumieren kann, trainiert er soziale Verhaltensweisen, welche die Gesellschaft zu ihrem Nachteil verändern. Jeder Bildschirm auf einem Bahnsteig zieht des Konsumenten Aufmerksamkeit von den real existierenden Menschen neben ihm ab. Er verzichtet auf autonome Erkundungs- und Lernprozesse, weil er im Internet ja angeblich jede Auskunft »findet«, deren Qualität er aber nicht bewerten kann. Gibt es Hoffnung auf Verweigerung, Subversion? Wir werden später sehen.

Die neuen Techniken sind Kavallerien trojanischer Pferde. Versteckt unter Effizienz und Bequemlichkeit verbergen sich neue Möglichkeiten der sozialen Kontrolle und Prägung, die sich, kaum hineingelassen, im privaten und öffentlichen Leben und im Arbeitsleben der Menschen ausbreiten und einrichten: Lauschangriff in der Wohnung, Videoüberwachung im öffentlichen Raum, Kontrolle und Manipulation des Konsumverhaltens, totale Bespitzelung des Individuums durch biometrische Daten, drangsalieren politischer Meinungsäußerungen, die vom Mainstream abweichen.

Das Verdrängen und blinde Konsumieren schärft die Angst vorm Nachbarn: diffuse Bedrohungen vom Terrorangriff bis zum Taschendiebstahl schüren ein Klima, in dem die Menschen der Einschränkung ihrer Freiheit fortwährend zuzustimmen. Die Menschen werden zum bloßen gläsernen Objekt des kapitalistischen Verwertungsinteresses, kontrolliert, manipuliert, gesteuert. Ihrer Unsicherheit opfern sie die Reste ihrer Freiheit für nur noch mehr Unsicherheit und Unfreiheit.

Es geht im Kapitalismus, wie gesagt, nicht um die Herstellung von Produkten, sondern um Profit, um Geld, um die Mehrung des eingesetzten Kapitals. Dafür wird unsere Arbeitskraft ausgebeutet. Die Produkte sind nur die Mittel für diesen Zweck. Der Lohnarbeitende stellt ein Produkt her. Die Differenz zwischen dem, was er – oder sie – an Lohn bekommt und was die Kapitalistin zum Beispiel für die Maschinen aufwendet, und dem, was der Kapitalist als Preis für das Produkt erhält, ist der Mehrwert. Alles Wirtschaften im Kapitalismus, alle Beschäftigung, alle Einkommen, alle Marktprozesse sind von der erfolgreichen Mehrwertproduktion abhängig. Sie liegt dem Wachstums*zwang* im Kapitalismus zugrunde und begründet die Konkurrenz der Kapitalfraktionen untereinander. Wachstumszwang und Konkurrenz führen zu Überproduktionskrisen, die dem Kapitalismus immanent sind. Überproduktionskrisen sehen sehr unterschiedlich aus.

Kapitalismus ist auch in seinen ruhigsten Zeiten – die es ja nur um der Preis der Ignoranz der Grausamkeiten gibt, die er anderswo anrichtet – kein »Markt« und keine »Marktwirtschaft«, in der »freie« Menschen nützliche Produkte gegen Geld tauschen. Der kapitalistische Markt ist kein Gemüsemarkt, sondern die Sphäre der Realisierung des Mehrwerts, der in die Ware gesteckten Arbeit und der sonstigen Aufwendungen. Das bedeutet: Auf dem Markt geht es nur um die Rückverwandlung der Waren in mehr Geld, als zuvor in sie investiert worden ist. Der irrationale Selbstzweck der »schönen Maschine« Kapitalismus ist es, unaufhörlich Geld aufzuhäufen und als Kapital wieder in den Produktionsprozess einzubringen. Die Konkurrenz im Kapitalismus treibt die Produktivitätssteigerung durch neue Technologien voran. Die heute erreichte Produktivitätssteigerung könnte unter anderen gesellschaftlichen Bedingungen den Menschen als freie Zeit zur Verfügung gestellt werden, so dass sie weniger arbeiten müssten und dennoch gut leben könnten. Aber im Kapitalismus wird dieser Produktivitätszuwachs benutzt, um Arbeitskraft überflüssig zu machen. Wozu vierzig Facharbeiter einstellen, wenn es ein Dutzend Sklavenarbeiter zu Dumpingpreisen machen oder ein Roboter noch billiger? Der einzelne Kapitalist kann sich, selbst wenn er das wollte, diesem strukturellen Zwang, die Produktivität zu steigern, nicht entziehen – außer um den Preis seines Untergangs. So sind die unaufhebbaren kapitalistischen Spielregeln.

Wir sind im sechsten Jahr dieser Weltwirtschaftskrise mit den verschiedenen Namen. Ganze Volkswirtschaften gehen zugrunde, und auch wenn sie sich wieder zu erholen scheinen, ändern sich die sozialen Strukturen der Gesellschaften drastisch und wir finden danach noch mehr Menschen dauerhaft ins Elend gestürzt als zuvor. Alle Versuche, die Krise zu bändigen, sind bisher gescheitert. Aus der letzten Weltwirtschaftskrise rettete sich der Kapitalismus in Faschismus und Weltkrieg. Welche »Lösung« wird ihm diesmal einfallen?

3   WAS DROHT

Niemand weiß, wie diese Weltwirtschaftskrise ausgehen wird. Kaum läutet ein Hohepriester der herrschenden Verhältnisse ihr Ende ein, nimmt sie ihren nächsten Anlauf. Viele Linke hofften, dass die Krise das Ende des Kapitalismus bedeutet. Tatsächlich beobachten wir, dass sie die heutige Ordnung nicht beseitigt, sondern die gesellschaftlichen Verhältnisse brutalisiert.

Lange ging es vielen Handwerkerinnen, Facharbeitern, Akademikerinnen und der technischen Intelligenz materiell gut, und sie ignorierten die grundsätzliche Zerstörungskraft des Kapitalismus. Dann platzten ihre Baudarlehen, Rentenfonds, Aktiendepots und sonstige Geldanlagen und mit ihnen ihre materielle Sicherheit, die Zukunft und die ihrer Kinder und Enkel. Plötzlich, manchmal zu ihrem eigenen Erschrecken, sehen auch sie die Welt mit anderen Augen.

Der Kapitalismus funktioniert, auch wenn er einmal keine Krise hat, immer nur in den Augen seiner Profiteure störungsfrei. Bereits sein Normalbetrieb beruht darauf, dass er Mensch und Natur verbraucht und ruiniert. Indem er jene beiden einzigen »Springquellen des Reichtums« (Marx) – die menschliche Arbeitskraft und die Naturressourcen – so profitabel wie nur möglich verwertet, zerstört er sie und beraubt sich damit tendenziell seiner eigenen Grundlage. Er versucht sich dieser Gefahr, von der er weiß, auf zweierlei Weise zu entziehen: *Erstens* indem er mit neuen Technologien der Erde noch mehr Ressourcen abpresst. *Zweitens* indem er die menschliche Arbeit bis unter die Hungergrenze verbilligt oder gleich möglichst viele Menschen durch Automation ökonomisch gänzlich überflüssig macht.

Verschiedene Kapitalfraktionen sind auf unterschiedliche Weise von der Weltwirtschaftskrise betroffen, denn sie zertrümmert Branchen, lässt Konzerne fusionieren und ganze Betriebe verschwinden. Wir werden den Kapitalismus dennoch leider nicht los, er ändert »nur« seine Gestalt. Er rüstet auf und wird mit moderneren Waffen auf uns und auf die Natur eindreschen, mit ideologischen, ökonomischen und militärischen. Er wird autoritärer, barbarischer, raffinierter.

Die gegenwärtig vom Kapitalismus und den ihm immanenten Überproduktionskrisen ausschließlich selbst verursachten Störungen seiner Geschäfte befördern neue Raubzüge und Kriege. Nicht nur im Pazifik, in der Arktis und im Kaukasus rasseln Großmächte mit ihren Waffen.

Deutschland ist kein harmloses Land, welches die Lage der Welt lediglich mit Besorgnis, aber im Wesentlichen unbeteiligt beobachtet. Deutschland ist Mittäter. Deutsches Kapital befindet sich auf Raubzügen in der ganzen Welt. Der deutsche Staat maßt sich die Führungsrolle in der EU an, ermächtigte sich, die Regierungen anderer Staaten zu kontrollieren, und seine Politik ließ andere Staaten in die Knie gehen.

Der Staat unterdrückt soziale Unruhen, beschafft dem Kapital die nötige Infrastruktur, sorgt für die Ausbildung seines Personals, schenkt ihm unseren gesellschaftlichen Reichtum durch Privatisierung, moderiert Konflikte zwischen Kapitalfraktionen und sichert ihre *gemeinsamen* beziehungsweise *dominanten* Interessen politisch und militärisch ab. Das Verhältnis von Staat und Kapital ist in seinem Kern heute noch wie im *Kommunistischen Manifest* von Karl Marx und Friedrich Engels 1848 beschrieben: »Die moderne Staatsgewalt ist nur ein Ausschuss, der die gemeinschaftlichen Geschäfte der ganzen Bourgeoisieklasse verwaltet.«

Die Bundeswehr war von der Remilitarisierung 1955 der Bundesrepublik bis zur Auflösung der Sowjetunion 1991 stets eine angebliche *Verteidigungs*armee. Die *Verteidigungspolitischen Richtlinien*, drastisch verändert 1992 und 2003, erlauben heute den Einsatz des Militärs auch im Innern des Landes gegen die politische Opposition, gegen Streikende, gegen Flüchtlinge. Noch wird nicht eingesetzt, was möglich ist, aber die Waffen und Strategien liegen griffbereit in den Safes des »Sicherheits«staates. Die *Richtlinien* erlauben außerdem Kampfeinsätze und Kriege überall in der Welt, sobald deutsche »Sicherheits«fragen berührt sind. Diese »Sicherheit« ist längst das Gegenteil von Freiheit und nur ein Codewort für die Absicht, sich mit Gewalt an den Ressourcen anderer Staaten zu vergreifen.

Es werden, um die Mehrwertproduktion anzukurbeln, nahezu unberührte Teile der Natur – vom Arktischen Ozean bis zur Sahara, von der Mongolei bis in den Norden Kanadas, von Äthiopien bis Angola – neu verwertet. Deutsche sowie andere europäische, russische, chinesische, indische, kanadische und US-amerikanische Staaten und Konzerne können Meere leerfischen, Kontinente und Meeresböden nach Öl durchbohren, Gesteine auspressen und fruchtbares Ackerland mit Pipelines durchgraben. Böden, die Millionen Menschen ernähren könnten, werden weltweit dem Biosprit für Autos und Maschinen und der Fleischproduktion geopfert. Bei der giftgeschwängerten Suche nach seltenen Erden entstehen chemikaliengetränkte Mondlandschaften, die das Wüstenband der Erde vergrößern und damit das Elend der Menschen.

Der Reichtum des deutschen Bürgertums begründet sich auf rund 500 Jahre Kapitalismus, auf Kolonialismus, zwei Weltkriege, auf Faschismus, Arisierung und Zwangsarbeit, auf der gewaltsamen Enteignung der Arbeitsmittel der eigentlichen Produzenten, auf Ausbeutung der Natur und der so genannten Dritten Welt – bis heute. Das weiß der Bürger, das weiß die Bürgerin. Das verheimlichte Wissen prägt ihren Blick auf die Welt. Von ihrem Anteil an der Beute wollen sie nicht lassen, auch die Mehrheit des aufgeklärteren Teils des Bürgertums nicht. Das erklärt ihre Aggressivität gegenüber jeder radikal-humanistischen Kritik und ihre Sucht nach konfliktlosen, harmonischen Zuständen, weil doch jedes Lüpfen des schweren Teppichs, der ihre Geschäftsgrundlagen zudeckt, ihre Verbrechen – und die Verbrechen, von denen sie profitiert haben – enthüllt. Das erklärt auch, warum jede grundsätzliche Kritik an den gesellschaftlichen Verhältnissen, so schnell als obszön stigmatisiert, als geisteskrank pathologisiert oder als terroristisch denunziert werden muss.

»Glück« besteht für das Bürgertum nicht aus dem Wohlbefinden aller Menschen. Lässt sich aus der Lage »fremder« Menschen kein Geschäft machen, verschwinden sie – außer dem Dienstpersonal – aus dem Blickfeld. Wenn der Lohnarbeitende – also der Produktive und Mehrwertschaffende – sich erhebt und ein freies und glückliches Leben unter Gleichen fordert, wird der Besitzbourgeois verrückt. Und steht der Mensch auf, obwohl er nicht mehr nützlich ist, keiner Erwerbsarbeit nachgeht, schwer behindert ist, krank oder alt, dreht der Kapitalist vollends durch. Alles Geld, was der Wohlfahrt der Unnützen dient, schmälert seinen Profit. Diese Furcht befeuert eine Vielzahl utilitaristischer Diskurse, in denen der Mensch nach seiner ökonomischen Nützlichkeit bewertet wird.

Bei der Flucht aus seinen Widersprüchen hilft dem Bürger und der Bürgerin, wenn sie die Opfer der Verhältnisse, von denen sie profitieren, für »selbst schuld« an ihrer miesen Lage erklären können. Deshalb die schrillen Töne aus den Musikantenstadln der deutschen Gesellschaft, aus dem Mainstream der Stammtische, der Wirtschaftsverbände und Kulturinstitutionen, der Sportvereine und Hochschulen. Die Armen sind *selbst schuld* an ihrem Elend, würden sie sich nur anstrengen, ihre Kinder ökologisch ernähren und nicht so viele schäbige Fernsehprogramme ansehen, obwohl die doch extra zu ihrer Ruhigstellung geschaffen wurden. Die Kranken sind *selbst schuld* – sofern nicht privat versichert –, gewiss haben sie geraucht, getrunken, in ungesunden Wohnungen an viel befahrenen Straßen gelebt und falsch gearbeitet. Die Alten sind *selbst schuld*, weil unproduktiv.

Ganz besonders groß aber ist die *Selbstschuld* der »Fremden«. Angefeindet, staatlicherseits schikaniert und verfolgt sowie in jeder Hinsicht auf eigene Kosten versuchen antirassistische und antifaschistische Linke seit Jahrzehnten, den deutschen Inhumanismus zu bekämpfen. Aber Deutschland ist durchtränkt von einem in löchrigem Gehege gehaltenen Antisemitismus und vom Rassismus. Wenn, wie in der Münchner Reithalle, ein gutbürgerlicher Mob selbst moderat-kritische Fragen an Thilo Sarrazin niederbrüllt, dann sind wir mittendrin. Mit einem NPD-Verbot wäre diese Meute nicht erfasst.

Weil die Angst vor dem sozialen Absturz das Bürgertum in guter deutscher Tradition aggressiv macht und nicht solidarisch, sind Hassbilder von feindlichen, fremden, minderwertigen Menschenmassen sehr wirksam. Denn mit der Obrigkeit und den Konzernspitzen, den oberen Etagen der sozialen Hierarchien, auf die sich ja sein Ehrgeiz richtet, legt sich ein deutscher Untertan selten an.

Wenn *die Fremden* von Nazis ermordet werden, sind sie durch ihr *Fremdsein* irgendwie selbst dafür verantwortlich. Wenn sie im Mittelmeer ertrinken – hätten sie nicht zu Hause in »ihrer Kultur« bleiben können? Dann wären sie an unserer schließlich nicht zugrunde gegangen. Wenn sie in »Entwicklungs«ländern leben und dort verhungern, sind sie auch *selbst schuld* – warum sind sie auch »zu viele«?

Was droht? Die Interessen der EU-Staaten prallen aufeinander. Das deutsche Kapital hat sich an EU-Europa groß gefressen und frisst weiter. Die Verbilligung der Arbeit in Deutschland hat die deutsche Exportwirtschaft an die Spitze katapultiert. Durch deutsche Mitverantwortung brechen ärmere europäische Staaten vollends ein. Die Bevölkerungen etwa von Spanien und Griechenland bekommen das zu spüren. Aber über die geostrategischen Interessen Deutschlands wird nur im Ausland diskutiert, hier lediglich in linken Publikationen, so dass hier fast niemand versteht, was das Gekauder »Europa spricht jetzt deutsch« anderswo an historischen Erinnerungen und berechtigtem Zorn auslöst.

Im Takt jedes einzelnen Wimpernschlags eines nervösen Menschen stirbt irgendwo auf der Welt ein unterernährtes Kind. Die Lebenserwartung eines Menschen in Afrika liegt *durchschnittlich* zwanzig Jahre unter der eines Deutschen. Jeder siebte Mensch auf der Welt hungert, eine Milliarde Menschen sind es insgesamt. Schon vor der Weltwirtschaftskrise mussten vierzig Prozent der Weltbevölkerung mit einem US-Dollar am Tag auskommen. Nur ein Drittel der Weltbevölkerung hat Zugang zu sanitären Einrichtungen. Das alles hat das Bürgertum in den kapitalistischen Zentren bisher nie wirklich in seinen Fundamenten erschüttert. Ablasszahlungen zu Weihnachten, nach Tsunamis und Erdbeben, bieten Ventile.

Was droht? Mit der Verschärfung der Weltwirtschaftskrise, so fürchte ich, wird ein großer Teil der Weltbevölkerung noch härter als »überzählig« attackiert werden als bisher. Der Nutzen ist klar: Die krisengeschüttelte Menschheit soll zum Vorteil einer einflussreichen Minderheit gespalten, die Ursachen der Naturzerstörung vernebelt und der vorzeitige Tod von Millionen Menschen relativiert werden. Es soll aber auch um jeden Preis verhindert werden, dass neue soziale Unruheherde entstehen und bestehende sich verbünden.

Entgegen allen Fakten gelten nicht Imperialismus und Kapitalismus, sondern die »Überbevölkerung« als wesentliche *Ursache* von Armut, Hunger und Naturzerstörung. Die üblichen Berichte über die Entwicklung der Weltbevölkerung sind meist mit Bildern eng gedrängter dunkelhäutiger Menschenmassen illustriert, selten mit Bildern Hellhäutiger im Feierabendverkehr, beim Schlussverkauf oder in Autobahnstaus zu Ferienbeginn.

Wenn Menschen als überzählig gelten und ihr Leben angeblich die ökologischen Grundlagen »unserer« unvergleichlich wertvolleren Existenz bedroht, leben sie gefährlich. Man plündert sie aus, sperrt sie in Lager, schiebt sie ab, lässt sie im Mittelmeer ertrinken, an Aids, leicht heilbaren Krankheiten oder an Nahrungsmangel sterben. Ihre Vernichtung ist lautlos. Die Sprache, in der manchmal über ihren Tod berichtet wird, und die seltsame Folgenlosigkeit demonstrativen Mitleids verraten den stählernen Willen, so viele wie möglich sterben zu lassen.

Deutschland ist dichter besiedelt (231 Einwohner pro Quadratkilometer) als Nigeria, das bevölkerungsreichste Land Afrikas (152 Einwohner pro km^2). In den Niederlanden leben mehr Menschen (400 Einwohner pro km^2) als in Indien (382 Einwohner pro km^2). Ägypten liegt mit 81 Menschen pro Quadratkilometer unter Österreich (100 Einwohner pro km^2) und der Schweiz (184 Einwohner pro km^2). Israel (341 Einwohner pro km^2) und Japan (337 Einwohner pro km^2) haben eine bald dreimal so große Bevölkerungsdichte wie China (135 Einwohner pro km^2). Hat schon jemals irgendwer ernsthaft die Überbevölkerung Monacos (16 620 Einwohner pro km^2) gegeißelt? Niemand hat bisher verlangt, die deutsche Bevölkerung gewaltsam an ihrer Vermehrung zu hindern – im Gegenteil, es wimmelt nur so von Versuchen, »deutsches Erbgut« zu mehren.

In den Publikationen des ökologisch besorgten Bürgertums finden sich martialische Begriffe wie »Bevölkerungsbombe«, »Bevölkerungsexplosion«, »Überbevölkerung«, »Menschenfluten«. Sie unterstellen, dass nicht der Kapitalismus, sondern die »zu vielen« Menschen im Trikont[3] die Natur bedrohen. Mancherorts müssen Menschen für Lebensmittel, medizinische Versorgung oder Bildung zahlen, indem sie sich zwangssterilisieren lassen. Man nennt es »Bevölkerungspolitik«. Das Bild von der zu kleinen Erde, auf der sich die Armen hemmungslos fortpflanzten, während die Lebensmittelproduktion stagniere, ist ein prominentes Klischee der Inhumanität. Es übermalt viele gesellschaftliche Defizite, deren wahre Ursachen unerhellt bleiben. Statt zu fragen: »Wie viele Menschen erträgt die Erde?«, müsste es lauten: Wie viel Kapitalismus ertragen der Mensch und die Natur noch?

Tatsächlich wächst die Lebensmittelproduktion schneller als die Erdbevölkerung. Es ist auch in Zukunft genug da, um alle Menschen zu ernähren. Hunger ist allein ein Problem der Verteilung, des Mangels an Kaufkraft, der kapitalistisch beschleunigten Wüstenbildung und des Missbrauchs fruchtbaren Landes. Neuere Forschungen lassen vermuten, dass die Zahl der Weltbevölkerung ab etwa 2060 stagnieren, sich möglicherweise sogar zurückentwickeln wird. Aber seit wann sind Tatsachen eine wirkungsvolle Waffe gegen soziale Verachtung und Rassismus?

Hohes Ansehen genießen in Deutschland Organisationen, welche »die Bevölkerungsexplosion im Süden« für die größte Bedrohung der Erde halten, beispielsweise der Club of Rome. In ihm organisieren sich Angehörige der Oberschicht: Konzernvorstände, Aufsichtsräte, Banker, Manager, Politiker, Wissenschaftler. Keiner will mit der kapitalistischen Produktionsweise brechen. Sie plädieren u. a. für den »Klimaschutz durch Atomenergie« und für die nächste Stufe der Atomtechnologie: die Atomfusion.

Zu den deutschen Mitgliedern gehört beispielsweise Liz Mohn, Aufsichtsratsmitglied der Bertelsmann AG und Vorstandsmitglied der Bertelsmann Stiftung, die in Deutschland die Privatisierung öffentlichen Reichtums aggressiv vorantreibt. Auf Vorschlägen der Bertelsmann Stiftung beruhten die Hartz- und die Agenda-2010-Beschlüsse der SPD/Grünen-Bundesregierung (1998–2005). Club-Mitglied Franz-Josef Radermacher, ehemals Präsident des Bundesverbandes für Wirtschaftsförderung und Außenwirtschaft, plädierte nach der Atomkatastrophe von Fukushima für die Laufzeitverlängerung von Atomkraftwerken. Einflussreich ist auch der Burschenschaftler und Wirtschaftsführer Eberhard von Koerber, Ex-Vorstand bei BMW, heute Chef eines Finanzberatungsunternehmens. Der Energie- und Elektrokonzern ABB, dessen Vorstandsvorsitzender von Koerber auch war, ist zum Beispiel am neokolonialen Solargroßprojekt Desertec in Nordafrika beteiligt.

Im letzten Jahr luden die Grünen im Bundestag ausgerechnet Dennis Meadows, Co-Autor der Club-of-Rome-Studie *Grenzen des Wachstums* (1972) zum Vortrag über den Zusammenhang von Bevölkerungswachstum und Natur. Wesentliche Prognosen des Clubs haben sich als unzutreffend herausgestellt, aber das spielt keine Rolle. Erst halfen die Grünen Kriege durchzusetzen, jetzt ist es ihre Hauptaufgabe, öffentlichkeitswirksame »ökologische Argumente« zur noch erfolgreicheren Durchsetzung von Kapitalinteressen zu finden.

Die Versorgung der »Unproduktiven« mindert den Profit. Die Unterstellung, dass die »Überflüssigen« an ihrer sozialen Lage »selbst schuld« seien, ist für die Profitierenden sehr nützlich. Sie versuchen zu belegen, dass nicht die kapitalistische Produktionsweise, sondern eherne »Naturgesetze« den Hungertod so vieler Menschen zu verantworten haben. Vielerorts wird dafür der Malthusianismus zu neuem Leben erweckt. Thomas Robert Malthus (1766–1834) unterstellte in seinem Buch *Essay on the Principle of Population* (1798/1803), dass die Zahl der Menschen sich exponentiell (1, 2, 4, 8 usw.) entwickle, die Produktion von Lebensmitteln hingegen nur linear (1, 2, 3, 4 usw.). Schuld an der Bevölkerungsentwicklung sei die hemmungslose Vermehrung der Armen. Den anglikanischen Landpfarrer ekelten die Armen in den Slums der englischen Industriestädte.

Die Armengesetze des Feudalismus hatten den Menschen noch das Recht auf Nahrung und ein Dach über dem Kopf zugestanden. Malthus nahm es ihnen: Ein Mensch habe »nicht das mindeste Recht, irgendeinen Teil von Nahrung zu verlangen«, wenn seine Familie ihn nicht ernähren könne und »wenn die Gesellschaft seine Arbeit nicht nötig hat«, sei er »wirklich zu viel auf der Erde. Bei dem großen Gastmahle der Natur ist durchaus kein Gedecke für ihn gelegt. Die Natur gebietet ihm abzutreten, und sie säumt nicht, selbst diesen Befehl zur Ausführung zu bringen.«[4] Wer diesem Eindringling am reich gedeckten Tisch der Natur Platz mache, sagte Malthus, locke nur weitere Eindringlinge an. Statt Fülle herrsche dann Mangel, und bald werde das Vergnügen der Gäste durch das menschliche Elend gestört, das sie mit ansehen müssen. Es sei »völlig natürlich«, dass nur eine Minderheit der Menschen gebildet, sittlich wertvoll und wohlhabend sei und dass es auf der Welt immer zu viele arme, unbrauchbare Menschen geben werde. Die Unterstützung der Armen sei unsinnig, weil sie sich dadurch bloß vermehrten, Hilfe belohne Trägheit und Laster und stimuliere die Kinderzahl. Die Natur spreche diesen Menschen das Existenzrecht ab, man müsse ihre Zahl beschränken. Friedrich Engels nannte Malthus' Theorie »die offenste Kriegserklärung der Bourgeoisie gegen das Proletariat«.

An allen Ecken und Enden blitzt heute die Malthussche Inhumanität auf. Für viele konservative und rechte Ökologen, Ökonomen und Politiker ist die »Überbevölkerung«, vorzugsweise als »Sorge um die Natur« verkleidet, ein zentrales Problem. 2011: Dem Ex-Bundeskanzler Helmut Schmidt klatschte dafür ein SPD-Parteitag Beifall. Joseph Deiss, Ex-Bundespräsident der Schweiz und Ex-Präsident der UNO-Generalversammlung, huldigte auf einem Wirtschaftskongress Malthus. Das Bevölkerungswachstum in Deutschland und der Schweiz beunruhige ihn nicht, das nähme ja ab. Für den Rest der Welt habe Malthus »vor 200 Jahren [alles] gesagt, und die Lektionen der Geschichte sind immer noch nicht bekannt. *Das ist ein Bereich, der sich von selber regelt.*«[5] [Hervorhebung J. D.]

Malthus wird seit 200 Jahren widerlegt. Aber seine Thesen sind zu nützlich, um sie den Fakten zu opfern. Was die »Protokolle der

Weisen von Zion« für den Antisemitismus sind, das ist die Malthussche Ideologie für die Entwertung der Menschen im Trikont.

Der einflussreiche US-Ökologe Garrett Hardin[6] ersetzte Malthus' Bild vom »Fest an der reich gedeckten Tafel der Natur« durch das Bild vom Rettungsboot, in dem »wir alle« sitzen und das sinke, sobald sich zu viele Ertrinkende auf stürmischer See darauf retten könnten. Er bezog dieses Gesetz ausdrücklich auf die Einwanderungs- und Flüchtlingspolitik der kapitalistischen Staaten:[7] »Übermäßig fruchtbare« Menschen in ein wohlhabendes Land einzuladen sei eine »Politik des nationalen Selbstmordes«, sogar des Selbstmordes der Spezies Mensch.[8] Es sei daher, sagt Hardin, unsinnig, auf universellen Menschenrechten zu bestehen.

In inhumaner Tradition stehen auch andere Repräsentanten des rechten Flügels der Umweltschutz- und Ökologiebewegung, zum Beispiel Konrad Lorenz, Max Otto Bruker und Herbert Gruhl. Noch im Berliner Wahlkampf von 2011 bezog sich ein Spitzenkandidat der Ökologisch Demokratischen Partei positiv auf ÖDP-Parteigründer Gruhl.[9] In der Natur, sagte Sozialdarwinist Gruhl, herrsche ständiger Anpassungsdruck, fortwährende Leistungsbereitschaft, überall Todesdrohung, keine Gnade – nirgends. Diese »Naturgesetze« übertrug er auf die menschliche Gesellschaft, jedes soziales Netz sei demzufolge »unnatürlich«. Wozu Einwanderung erlauben? Auch Gruhl drohte den »zu vielen« mit dem Tod: »Für einige überfüllte Populationen [er meint Menschen; J.D.] mag dann Gewalt oder sogar die Atombombe eines Tages keine Drohung mehr sein, sondern Befreiung.«[10]

Die ökologische ist ein untrennbarer Teil der sozialen Frage. Die Lohnarbeitenden sind gezwungen, an ihrer eigenen Gesundheitsschädigung mitzuarbeiten, um zu leben. So verarmen sie auch ökologisch. Für ihr Kranksein erklärt man sie anschließend – wegen schlechter Lebensführung – für »selbstverantwortlich«, längst ein Orwellscher Begriff. Aber Menschen müssen die Natur bearbeiten, um zu leben. *Wie* diese Bearbeitung geschieht, welche Produktionsweise dabei zum Einsatz kommt, wer über sie wofür und zu wessen Nutzen verfügt, das sind die entscheidenden Fragen.

Die Techniken und das Wissen, um allen Menschen ein würdiges Leben zu ermöglichen und zugleich die Natur in einem menschenfreundlichen Zustand zu erhalten, sind längst entwickelt. Insofern ist die Utopie an ihrem Ende, wie Herbert Marcuse 1967[11] sagte: Alle Techniken sind entwickelt, um den Menschen und die Natur zu zerstören. Aber es sind auch alle Mittel gefunden, um die Welt zu einer menschenwürdigen zu machen. Doch die Ruinierung des Menschen und der Natur bleiben profitabler als ihr Glück und ihre Freiheit. Die Sache ist also niemals eine Frage fehlender Alternativen, sondern eine der Herrschaft von Staat und Kapital und wann, wie und mit welchem Ziel wir mit ihr brechen können.

4   WAS TUN

Was also tun, wenn wir nicht in einem Land leben wollen, in dem bald Millionen Menschen im Ghetto eines mickrigen Grundeinkommens und einer schäbigen Grundrente existieren sollen? Wenn wir wollen, dass keiner früher stirbt, nur weil er arm ist, schlechte Lebens- und Arbeitsbedingungen hat und nie die bestmögliche Gesundheitsversorgung erfährt? Was tun, wenn wir nicht möchten, dass Menschen an den verrammelten Grenzen dieses Landes zerschellen? Wenn wir eine Gesellschaft nicht mehr ertragen, die von schreiender Ungleichheit durchtränkt ist? Wenn wir der Vernichtung der ökologischen Lebensgrundlagen nicht weiter zusehen wollen? Wenn wir nicht mehr erleben möchten, wie soziale Verachtung und Rassismus Kindern das Rückgrat brechen, so dass sie verwelken, bevor sie ihre Einzigartigkeit entfalten können?

Wenn *wir* die Opposition gegen diesen Terror der »Normalität« in einer kapitalistischen Gesellschaft ernst meinen, hat das Konsequenzen für uns. »Wir« meint kritische Menschen und emanzipatorische Linke aller Arten, zu deren Grundsätzen die Freiheit auf Basis sozialer Gleichheit gehört, Menschen, die diese Programmatik nicht nur als heimlichen Traum in ihren Köpfen verbergen, sondern handeln wollen und Bündnispartner suchen.

Eine solche emanzipatorische linke Politik ist während einer Weltwirtschaftskrise noch schwerer zu machen als zu anderen Zeiten – *einerseits*. Mit der Krise haben Fremdenfeindlichkeit, Rassismus, Antisemitismus und die soziale Stigmatisierung von

Langzeitarbeitslosen, Hartz-IV-Empfängern und Obdachlosen zugenommen. Ihre Würde wird längst angetastet. Angepasste Untertanen treten, wenn sie unter Druck geraten, gern nach unten, wälzen alle Risiken auf sozial Schwächere ab, während sie selbst sich dorthin durchzuprügeln versuchen, wo in dieser Gesellschaft »oben« zu sein scheint. Sie sind rassistisch, antisemitisch (auch wenn sie ihren Antisemitismus gelegentlich hinter wohlfeilen Bekundungen pro Israel verstecken), sie sind islamophob und beten Law and Order an, weil die herrschende ja ihre Ordnung ist und der Staat ihre Besitztümer und Privilegien verteidigen und den Untergang der anderen betonieren soll. Das Bewusstsein vieler Untertanen und Profiteure ist für rechtsradikales und faschistoides Denken anschlussfähig. Während wir also unsere Chancen zur Aufklärung und zur Erweiterung unserer sozialen Basis zu nutzen versuchen, wächst zugleich die Zahl unserer rechten Gegner, und die werden, wie nicht nur unsere tägliche Erfahrung zeigt, immer gewaltbereiter und gewalttätiger.[12]

Andererseits aber zerbrechen in dieser Krise Gewissheiten, und sie zwingen human denkende, aber bislang unpolitische Menschen zur Auseinandersetzung mit einer Wirtschaftsweise, die jahrzehntelang nur bei Strafe des »Extremismusverdachts« Kapitalismus genannt werden durfte. Das ist eine Chance. Es wäre eine große und selbstverliebte Dummheit, anzunehmen, dass wir allein sind. Damit gingen wir den deutschen Verhältnissen auf den Leim, deren Massenmedien uns so gern einhämmern, dass wir marginal sind. Das dort abgebildete Leben hat mit der sozialen Wirklichkeit ohnehin nur wenig zu tun. Wir sind eine Minderheit, aber alle sozialen Bewegungen, auch die historisch erfolgreichen wie die Arbeiterbewegung, waren selbst zu ihren Hochzeiten Minderheiten, wenn auch *organisierte* Minderheiten.

Die ersten Schritte politischen Denkens handeln meist von Dingen, die einen persönlich berühren. Diese Auseinandersetzung kann den Blick auf die Welt erweitern. Oder auch nicht, man kann auch im eigenen Nabel steckenbleiben. Ein anderes Scheitern ist die Illusion, wenn eine Organisation nur groß genug ist, ließe sich die Gesellschaft verändern. Reformistische Taktik und Strategie und Organisation aber sind Sackgassen, es hapert schon an ihren theoretischen Grundlagen. In falschen Bündnissen werden wir nicht mehr, nur falsch, und wenn es ganz dumm kommt, tragen wir zur Befriedung und Stabilisierung eben jener Verhältnisse bei, die wir umwerfen wollten.

Ein Mittelschichtskind kann ein Zelt vor der Europäischen Zentralbank aufbauen, weil es empört darüber ist, dass seine Eltern ihr Erspartes verloren haben, oder weil es selbst keinen Job bekommt. Das ist nicht verwerflich. Wenn nun aber persönliche Abstiegsängste und der drohende Verlust von materiellen Annehmlichkeiten die Motive zu handeln andauernd dominieren, haben wir ein Problem. Denn dieses Interesse wäre ja schon damit befriedigt, dass dieser Mensch einen Job bekommt und seine Eltern einen anderen Weg finden, ihren Ruhestand zu finanzieren.

Der Staat muss die Integrierbaren von den Systemkritikern trennen. Er weiß das, beobachtet, analysiert und bleibt milde, wo ihm keine Gefahr droht. Das Frankfurter Occupy-Camp wurde von Polizei, Ordnungsamt, Bankern und Medien zugrunde gelobt. Occupy in Deutschland ist keine soziale Bewegung, schon gar keine linke. In einigen Städten der USA verband sich der Protest von Angehörigen der Mittelschicht und des Kleinbürgertums mit fortschrittlichen Teilen der Arbeiter- und Bürgerrechtsbewegung. In der Bundesrepublik aber finden wir bei Occupy kein emanzipatorisch-linkes oder sozialrevolutionäres Selbstverständnis, stattdessen politische Unverbindlichkeit, Intellektuellenfeindlichkeit, Konfliktscheu, Harmoniestreben, Sehnsucht nach Reputation und – trotz intensiver Kritik von Linken – eine weit offene Flanke für Rechtspopulistisches, Nationalistisches und für den Antisemitismus.

Der törichte Slogan »Wir sind 99 Prozent« unterstellt, dass Teile der Oberschicht und die *gesamte* Mittelschicht zum sozialen Protest zählten und auch ihre wohlhabenden Teile nicht zu den vom Kapitalismus Profitierenden gehörten. Der Spruch verrät die Abwesenheit noch der embryonalsten Form von Klassenanalyse. Am Kapitalismus beklagt Occupy im Wesentlichen nur die »falsche« Politik der Banken, nicht Ausbeutung, nicht Profit, nicht Mehrwertproduktion, nicht Lohnarbeit, nicht Naturvernichtung. Aber wenn die Bedingungen kapitalistischer Verwertung unbegriffen bleiben, kippen die Annahmen über die Ursache der Misere ins Verschwörungstheoretische. Abstrakte Strukturen zu durchdringen ist anstrengende Kopfarbeit, da ist es einfacher, jüdische Weltverschwörungen zu erfinden.

Occupy Deutschland lobt die eigene Toleranz über alle Maßen. Man will das Gute und ist gegen das Böse und alle, alle können mitmachen – auch der Rechtsradikale und der Nazi, solange sie nicht um sich prügeln. Man will das »rein Menschliche« vertreten. Es herrscht die absolute Toleranz. Marcuse beschrieb diese »repressive Toleranz« als eine Haltung gegenüber »politischen Maßnahmen, Bedingungen und Verhaltensweisen […], die nicht toleriert werden sollten, weil sie die Chancen, ein Dasein ohne Furcht und Elend herbeizuführen, behindern, wo nicht zerstören. Diese Art von Toleranz stärkt die Tyrannei der Mehrheit.«[13]

Occupys Art von Toleranz stärkte die politische Rechte. Sekten okkupieren Occupy Frankfurt, beispielsweise das Zeitgeist-Movement und die Anthroposophen. Rechte Gruppen haben sich von Anfang an breit gemacht und bestimmen Kommunikation und Kurs, zum Beispiel Vertreter der rassistischen, rechtspopulistischen Frankfurter Freien Wähler sowie Anhänger und Prediger der antisemitischen Wirtschaftstheorie Silvio Gesells.

Es gibt überall auf der Welt Menschen, die so denken wie wir. Mehr als bisher müssen wir über alle kulturellen und sozialen

Barrieren hinweg die Zusammenarbeit suchen. Häufig scheitert die Kooperation ja nicht an mangelnder inhaltlicher Übereinstimmung. Auch nicht an geografischen Entfernungen oder an der Sprache, sondern daran, dass wir uns nicht als mögliche Bündnispartner »sehen«, weil uns unsere Oberflächen wechselseitig fremd sind: Aussehen, Alter, Stil, Verhaltensweisen, Musik, Slang, Lebensform. Die in Scheinfreiheiten aufgelöste Individualität ist ein echtes Handicap. Vom Arbeiter bis zur Studentin, vom Künstler bis zur Ladenbesitzerin, von der Informatikerin bis zum Punk – hinter jeder Rolle und Funktion kann sich eine Reaktionärin verbergen oder eine potenzielle Aufständische, ein Revolutionär.

Manchen kritischen Menschen scheint es leichter zu fallen, Befreiungskämpfe in anderen Ländern zu unterstützen, anstatt sich den Verhältnissen hier (auch) zu stellen. Aber wenn wir emanzipatorischen Widerstand überall wirksam unterstützen wollen, müssen wir uns hier mit Staat und Kapital auseinandersetzen: Sand ins Getriebe der großen Maschine werfen, ausbeuterische Pläne bremsen, Rohstoffkriege verhindern, die herrschende Ordnung stören und Konsense zerbrechen, die das System stabilisieren. Viele Stellschrauben sind hier. Jeder Schritt, der uns *hier* gelingt, erleichtert das Leben vieler Menschen *anderswo*, weil der deutsche Staat und das deutsche Kapital (ja, auch der moderne Imperialismus hat noch nationale »Heimatadressen«) großen, oft vernichtenden Schaden an Mensch und Natur in aller Welt anrichten.

Die Bedingungen, unter denen wir in Deutschland für eine wirklich humane Gesellschaft kämpfen, sind anders als anderswo und anders als früher. Überall in der Geschichte haben sich, von ökonomischer Entwicklung, Ressourcen, Klima und Zufällen hervorgebracht, von Kriegen, technischen Entwicklungen und erfolgreichen wie misslungenen Revolutionen zu kulturhistorischen Besonderheiten geformt, unterschiedliche Bewusstseinlagen und

Kampfbedingungen herausgebildet. Auch wenn wir an Deutschland manchmal verzweifeln: Die Verhältnisse und Mentalitäten sind nicht genetisch und nicht unabänderlich.

In Deutschland herrschen besondere Bedingungen, nicht nur weil es in diesem Land noch nie eine erfolgreiche Revolution gegeben hat. Auch die angeblich »samtene« von 1989 war keine. Denn wie könnte eine Revolution daraus bestehen, eine aus vielerlei Gründen verfallende Staatlichkeit, eine nicht-kapitalistische, aber eben auch nicht-sozialistische, bürokratische Kommandowirtschaft, durch eine viel effizientere kapitalistische Herrschaft abzulösen? Das wäre ja eine gänzlich konterrevolutionäre Interpretation.

Auch hinsichtlich der Befriedung der Lohnabhängigen hat sich in all den Jahrzehnten und unter unterschiedlichen Regierungen die Kollaboration der Gewerkschaftsführungen mit dem Staat als Interessenvertreter des Kapitals leider bewährt. Hoffnungsschimmer gab es, wenn sich junge Lohnarbeitende nicht sogleich in den staatstragenden Konsens einbinden ließen und wenn unter den Einwandernden Arbeiter waren, die in diese rückständige Bundesrepublik ihre widerständigen, auch revolutionären Erfahrungen mitbrachten. Ohne diese Italiener, Spanier, Portugiesen und Griechen hätte es die industriellen Massenstreiks der 1960er und 1970er Jahre vermutlich nie gegeben. Vielleicht ist dies der Grund, warum in der Bundesrepublik mit dem Ende der Hochkonjunktur Ende der 1970er Jahre in den meisten Massenmedien die Hetze gegen »die Ausländer, die uns die Arbeitsplätze wegnehmen«, begann? Die Kunst sozialer Spaltung beherrschen Staat und Kapital wie nichts anderes.

Wir können in Deutschland eine klassenbewusstere Arbeiterklasse, wie etwa in Frankreich, noch so sehr herbeisehnen, es ist vergeblich (was nicht heißt, dass der herrschende Block dort weniger reaktionär und gefährlich wäre als hier). Auch die in den Köpfen manch lateinamerikanischer Bevölkerungen verankerte

Klarheit über die kapitalistische Welt können wir den Deutschen so wenig einimpfen wie die lebendig-kämpferische Radikalität mancher südeuropäischer Demonstrationen.

Was in Zeiten der Krise gelernt wird, ist ambivalent. Hunderttausende, wenn nicht Millionen von Menschen sind verarmt. Infolge der »Rettungsmaßnahmen« fürs Kapital und für die Banken verkümmern Kommunen – was wiederum die Lage der sozial Benachteiligten verschlimmert. Wenn sich aber die stets verheißungsvollen Zukunftsaussichten auch für die Mittelschicht trüben, deren Kinder nun, obwohl akademisch gebildet, keine Jobs mehr bekommen, wenn Hypothekenraten auch von bisher materiell Gesicherten nicht mehr bedient werden können und sich Perspektiven in Luft auflösen? Dann erfährt der Staat auch Proteste von ungewohnter Seite, die – falls sie mit den emanzipatorischen Protesten anderer verschmelzen – eine Gefahr für ihn bedeuten. Denn der Staat kann nicht mehr sein, was der »normale Bürger« von ihm erwartet. Er verliert an Autorität und steckt in einer tiefen Legitimationskrise. Aber die kann auch eine weitere Rechtsverschiebung bedeuten, das ist die Dialektik der Krise.

Deutschland gehört noch zu den Staaten der Welt, die von der Krise relativ profitieren. Die deutschen Niedriglöhne ließen die deutsche Exportquote in den Himmel schießen, darüber brachen Märkte in anderen europäischen Staaten zusammen, unter anderem weil sie die Rechnungen für deutsche Produkte, auch für Rüstungsgüter, nicht mehr bezahlen konnten. Über Deutschland steht gleichsam das Auge des Hurrikans, die wirklich vernichtenden Stürme peitschen über andere Teile Europas und der Welt hinweg. Mächtige Kapitalfraktionen, die von der Krise, die sie verursacht haben, nun auch profitieren, konnten sich stets auf willfährige Regierungen stützen. SPD und Grüne dürfen hoffen, dass die sozialen Verbrechen ihrer Regierungszeit (1998–2005), darunter die einschneidenden Steuerersparnisse für Reiche, die Deregulierung der Finanzmärkte, die Aufweichung von Tarifver-

trägen sowie die immense Verarmung großer Bevölkerungs-
schichten, schnell vergessen und am besten der politischen Konkurrenz von CDU/CSU und FDP angelastet werden, die ja kein
bisschen besser ist.

Wie geht der Staat vor, um die Gefahr sozialer Unruhen zu bändigen? Er hat längst gelernt, nicht alle Opponierenden auf die gleiche Weise zu behandeln. Seine Erfahrungen mit der außerparlamentarischen Opposition der 1960er und 1970er Jahre lehrten
ihn, dass zu viele Knüppel, die gleichzeitig auf zu vielen verschiedenen Köpfen zerdroschen werden, das soziale Lernen beschleu-
nigen und selbstbewusste Widerstandskollektive gegen Staat und
Kapital gedeihen lassen.

Der Staat muss seine Repressionen den verschiedenen sozialen
Milieus immer feiner anpassen, um den Widerstand zu spalten,
ihn zu schwächen und zu marginalisieren. Alle politischen Gene-
rationen der neuen Linken – ich kalkuliere pro »Generation«
rund vier Jahre – haben in den letzten Jahren und Jahrzehnten
die Erfahrungen von Ignoranz, Demütigung, Überwachung, Ver-
folgung und oft auch nackter Repression gemacht. Alle, die sich
widerständig organisierten, wurden überwacht und erfasst. Besonders brachial ging der Staat gegen junge Linke vor, die sich –
ob in Wohngemeinschaften, Cafés, Parks, auf Straßen oder in
Universitäten – neu organisierten. Der reine aufmüpfige Gedanke,
solange er in Salons und Elfenbeintürmen verbleibt, ist meist un-
gefährlich. Geht er aber auf die Straße und organisiert sich, wird
die Sache ernst. Der Staat versucht systematisch, solche jungen
Linken einzuschüchtern.

Was also tun? Jede Behinderung der Beladung eines Frachters
mit hochgiftigem Computerschrott oder Rüstungsgütern lässt
anderswo weniger Menschen an Krebs und Krieg sterben. Jeder
Belagerung eines Chemiekonzerns, einer Atomanlage, eines Rüs-
tungsbetriebs oder des Bauplatzes der Europäischen Zentralbank

geht eine Analyse voraus, welche die Aktion begründet und vorbereitet. Jede konkrete Praxis verlangt die Einübung von Kritik, technischen Fertigkeiten und von Solidarität. Wenn eine politische Aktion schiefgeht, obwohl sie gut begründet und vorbereitet ist, ist dies keine Frage von »Schuld«. Das Merkwürdige ist ja, dass sich aus einem Scheitern auf hohem Niveau *fürs nächste Mal* mehr lernen lässt als aus einem vom schieren Zufall begünstigten Erfolg. Jede gut vorbereitete Aktion löst Denkprozesse aus und hinterlässt die Welt und die Handelnden verändert.

Was ist zu tun? *Theorie, Aktion, Organisation.*

Theorie ist Kopfarbeit, lesen, denken, analysieren. Das ist anstrengend, lässt sich aber lernen, und es geht leichter im Kollektiv. Lesen: Karl Marx, mit ihm eignet man sich die Kapitalismusanalyse an, die Methode, das Kopfwerkzeug, mit der Wirklichkeit umzugehen. Dann zum Beispiel Rosa Luxemburg, Herbert Marcuse, Hans-Jürgen Krahl.

Theorie ist keine Gebrauchsanweisung für die Aktion, aber Bedingung zur Erkenntnis der Welt und Ausgangspunkt zur Begründung und Überprüfung politischer Praxis. Theorie speist sich aus der Empirie. Wenn der Intellektuelle sich nur an den schönen Worten um ihrer selbst willen ergötzt, schwebt die Theorie davon und wird bedeutungslos oder Unterhaltung. Ohne theoretisches Rüstzeug versinkt die Praxis im Sumpf der Mittelmäßigkeit und hält dem Druck der feindseligen herrschenden Verhältnisse nicht stand. Die Analyse der gesellschaftlichen Verhältnisse hilft uns auch, die strategische Entscheidung zu treffen, für welchen der überwältigend vielen gesellschaftlichen Konflikte wir uns entscheiden. Wir sind schließlich eine Minderheit, die sich nicht verzetteln, sondern eine maximale Wirkung entfalten will.

Bei der *Aktion* kommt es nicht darauf an, um jeden Preis einen Fehlschlag zu verhindern. Das könnte letztendlich ja nur dadurch garantiert werden, dass man den Versuch gar nicht erst unternimmt. Wenn man ohne Erfolgsgarantie gar nicht anfangen will, bleibt nur trostlose Erstarrung. Eine kluge politische Aktion ist gut vorbereitet, außer sie entsteht spontan, weil wir zum Beispiel einschreiten müssen, wenn Nazis einen Menschen zusammenschlagen. Es geht bei Aktionen um vielerlei: aufklären, etwas verhindern, Angst überwinden, Grenzen der Legalität austesten, Erfahrungen sammeln, theoretische Erkenntnisse überprüfen, Solidarität praktizieren und strategisch gewählte Konflikte polarisieren.

Eine kluge politische Aktion ist kein Selbstzweck, sondern Teil eines Konzepts. Sie muss neben den politischen Zielen auch die Ängste, Stärken und Lernfähigkeit der Teilnehmenden berücksichtigen. Im besten Fall ist sie auch öffentlich gut vermittelbar. Es gibt aber auch Aktionen, die notwendig sind und schwer oder erst einmal nicht vermittelbar. Die Handelnden müssen sie vor sich selbst verantworten. Und danach wird die Aktion ausgewertet.

Theorie und Aktion brauchen die *Organisation* als Rahmen für theoretische Lernprozesse und als Träger für die Aktion. Diese Organisation soll eher keine Partei sein, aber auch die Fehlorientierung aufs lockere, unverbindliche Netzwerkeln sollte sich inzwischen erledigt haben.

Manchmal hat man den Eindruck, kritische Menschen in Deutschland sind besonders organisationsfeindlich und individualisiert. In ihrer Arbeitszeit und in der so genannten Freizeit unterwerfen sie sich unendlich vielen fremden Zwängen. Sich aber selbstbestimmt mit anderen zusammenzuschließen, um die Gesellschaft zu verändern, erscheint ihnen als lästiger Zwang und nicht als das, was es sein kann: ein selbstbestimmter, befreiender Akt.

In neueren sozialen Gruppen wird manchmal aus der korrekten Forderung nach antihierarchischen Strukturen die Missachtung politischer Erfahrungen und die Ignoranz gegenüber der Geschichte sozialer Bewegungen. Ein falscher Begriff von »Gleichheit« verklebt die Köpfe. Auf diese Weise setzen sich heimlich, bevor neue basisdemokratische, sozialistische oder rätekommunistische Strukturen gefunden sind, informelle Hierarchien und Intransparenzen durch, und eine Bewegung verblödet oder stirbt ab.

Hans-Jürgen Krahl, ein kluger Kopf der außerparlamentarischen Opposition der 1960er Jahre, sagte: »Die Massen sind in der autoritären Leistungsgesellschaft von Erziehung, Manipulation und exekutiver Indoktrinierung so sehr auf Autoritäten fixiert, dass sie zunächst für ihre Aufklärung selber Autoritäten – und zwar solche, die sich als kritische Autoritäten begreifen – nötig haben.«[14] Also, klare, gewählte Strukturen mit konkreten Verbindlichkeiten, jederzeitige Abwählbarkeit und gut organisierte Lernprozesse. Die »antiautoritären Autoritäten«, wie ich sie nenne, müssen vom ersten Moment an an ihrer Ablösung arbeiten.

Jede Organisation braucht – so nötig wie die richtige Strategie und Taktik – eine Struktur und Aufgabenverteilung. Jede Organisation, die ihren Grund, also ihr Programm ernst nimmt, besteht auf Verbindlichkeit und fordert sie ein. Zweck der Organisation ist nicht die Organisation, sondern das Programm und dessen Umsetzung. Organisiert wird nach Inhalt, nicht nach Personenzahl. Es ist ziemlich leicht und für manch einen Frustrierten verführerisch, sich in schwierigen Zeiten in großen, reformistischen Organisationen zu verstecken. Aber so setzt niemand emanzipatorische Ziele durch, sondern wird Teil des Falschen.

Man sollte sich eine Organisation danach aussuchen, ob man das in ihr lernen kann, was man lernen will, um weiterzukommen. Danach, ob man dort Menschen findet, die bei aller Verschiedenheit in den Grundfragen wirklich einig sind. Wenn eine Organisation etwas taugt, dann ist sie auch ein »Ort«, um Sachen zu verhandeln, streiten zu lernen, qualifiziert zu kritisieren und sich mit Kritik auseinanderzusetzen. Eine Organisation aber, in der qualifizierte Kritik (kein Genörgel) tabuisiert ist, sei es aus Unsicherheit, esoterischer Harmoniesucht oder wegen der Unantastbarkeit von Hierarchien, ist unverzüglich zu verlassen.

Eine Organisation, sei sie klein oder groß, ist, wenn es gutgeht, ein Gegengewicht zur korruptiven Integrationskraft kapitalistischer Verhältnisse. Und wenn die Zeiten günstig sind (wir haben ja nicht alles in der Hand), bewegen wir uns inmitten einer oder mehrerer mitreißender Subkulturen, die unsere Grundprinzipien widerspiegeln und auch noch höllisch Spaß machen können. Wenn es gutgeht, kann man mit einigem Glück erleben, wie Menschen ihre Angst überwinden und wie sie lernen, sich selbst zu befreien.

Ob die Theorie zuerst kommt die Aktion oder die Organisierung ist oft biografischer Zufall. Tatsache aber ist: Es geht langfristig, willst du ernsthaft etwas verändern, nicht ohne diesen Dreiklang.

Aber nichts ist wirklich fertig, bevor die Auseinandersetzung beginnt. Es ist ein Prozess. Herbert Marcuse schrieb: »Die gesellschaftlichen Träger der Umwälzung, und das ist orthodoxer Marx, formieren sich erst in dem Prozess der Umwälzung selbst, und man kann nicht mit einer Situation rechnen, in der die revolutionären Kräfte sozusagen ready-made vorhanden sind, wenn die revolutionäre Bewegung beginnt.«[15]

Wir werden sehen.

ANMERKUNGEN

1 Max Horkheimer: »*Die Juden und Europa*«, in: *Zeitschrift für Sozialforschung* 8 (1939), S. 115

2 *Blutige Handys (Blood in the Mobile)*, Film von Frank Piasecki Poulsen, Dänemark 2010. Phoenix , 28.9.2011, 21.00 Uhr

3 Sammelbegriff für die drei unterentwickelt gehaltenen Kontinente Afrika, Lateinamerika und Asien

4 Thomas Robert Malthus: *An Essay on the Principle of Population*, 2nd enlarged ed., London: J. Johnson, 1803, S. 531

5 »8. Schaffhauser Wirtschaftsimpulse: »Wachstum – Fluch oder Segen?« am 16.9.2011 in Schaffhausen/Schweiz, Podiumsdiskussion

6 Garrett Hardin: »The Feast of Malthus – Living within limits«, in: *The Social Contract*, Frühling 1998

7 Ebd.

8 Ebd.

9 ÖDP-Kandidat Christian Schantz lt. Benjamin Quiring: »Orange ohne Revolution«, *die tageszeitung*, nachgedruckt in: ÖDP (Hrsg): *Ökologie Politik – Das ÖDP-Journal Nr. 152*, November 2011, S. 30

10 Herbert Gruhl: *Himmelfahrt ins Nichts*, München: Langen Müller Verlag 1992, S. 244. Gruhl zitiert hier zustimmend: René Dubos: *Der entfesselte Fortschritt. Programm für eine menschliche Welt*, Bergisch Gladbach: G. Lübbe Verlag 1970, S. 166

11 Herbert Marcuse: »Das Ende der Utopie«, in: ders.: *Das Ende der Utopie. Vorträge und Diskussionen in Berlin 1967*, Frankfurt/Main: Verlag Neue Kritik 1980, S. 9–18

12 Das belegt z. B. diese Studie: Wilhelm Heitmeyer (Hrsg.): *Deutsche Zustände*. Folge 10, Frankfurt/Main: Suhrkamp 2011

13 Herbert Marcuse: »Repressive Toleranz«, in: Robert L. Wolff / Barrington Moore / Marcuse: *Kritik der reinen Toleranz*, Frankfurt/Main: Suhrkamp 1996

14 Hans-Jürgen Krahl: »Autoritäten und Revolution«, in: ders.: *Konstitution und Klassenkampf*, Frankfurt/Main: Verlag Neue Kritik 1971, S. 256–259

15 Herbert Marcuse: »Das Ende der Utopie«, a. a. O., S. 11 f.

DANK, HINWEIS & KONTAKT

Dank: Ich danke meinen FreundInnen für Diskussionen. Wie immer danke ich Manfred Zieran für seine kluge und im besten Sinn rücksichtslose Kritik. *Hinweis:* Weitere Informationen über meine Bücher, Texte, das Ulrike-Meinhof-Archiv, Termine meiner Vorträge und Lesungen usw. auf: www.jutta-ditfurth.de. *Kontakt:* Über Anregungen und Kritik freue ich mich. Ich lese alles, verspreche aber nicht, dass ich antworte: Jutta Ditfurth, c/o ÖkoLinX-ARL, Bethmannstr. 3, 60311 Frankfurt/Main. E-Mail: jutta.ditfurth@t-online.de.

BÜCHER DER AUTORIN

Die tägliche legale Verseuchung unserer Flüsse und wie wir uns dagegen wehren können. Ein Handbuch mit Aktionsteil (Hrsg. mit R. Glaser), Hamburg: Rasch & Röhring 1987.

Träumen Kämpfen Verwirklichen. Politische Texte bis 1987, Köln: Kiepenheuer & Witsch Verlag 1988.

Lebe wild und gefährlich. Radikalökologische Perspektiven, Köln: Kiepenheuer & Witsch Verlag 1991.

Was ich denke. Anders oder gleich. Über die Entwertung des Menschen, München: Goldmann Verlag 1995.

Blavatzkys Kinder. Krimi, Bergisch Gladbach: Bastei Lübbe Verlag 1995.

Feuer in die Herzen. Gegen die Entwertung des Menschen, Hamburg: Konkret Literatur Verlag 1997, 3. erweit. u. vollst. überarb. Neuausg., (1. Ausg.: 1992).

Entspannt in die Barbarei. Esoterik, (Öko-)Faschismus und Biozentrismus, Hamburg: Konkret Literatur Verlag 2011, (1. Aufl.: 1997).

Das waren die Grünen. Abschied von einer Hoffnung, München: Econ Taschenbuch Verlag 2001, (1. Aufl. 2000).

Ulrike Meinhof. Die Biografie, Berlin: Ullstein Taschenbuch Verlag 2009, (1. Ausg.: 2007). *Bisher auch in Schweden, Norwegen, den Niederlanden, der Türkei und Griechenland. erschienen.*

Rudi und Ulrike. Die Geschichte einer Freundschaft, München: Droemer Verlag 2008.

Zeit des Zorns. Streitschrift für soziale Gerechtigkeit, München: Droemer Verlag 2009.

Die Himmelsstürmerin. Roman, Berlin: Rotbuch Verlag 2010, (1. Ausg.: 1998).

Krieg, Atom, Armut. Was sie reden, was sie tun: die Grünen, Berlin: Rotbuch Verlag 2011.

Durch unsichtbare Mauern. Wie wird so eine links?, Berlin: Rotbuch Verlag 2011, (1. Ausg.: 2002).